# INSTITUT FRANÇAIS DE MILAN

## QUESTIONS FRANCO-ITALIENNES

### VI.

# L'INDUSTRIE DU MEUBLE DE LUXE EN LOMBARDIE ET LE RÉGIME DOUANIER FRANCO-ITALIEN

PAR

ANNA VERA EISENSTADT

PRIX : UN FRANC

MILANO
6, VIA SILVIO PELLICO
1917

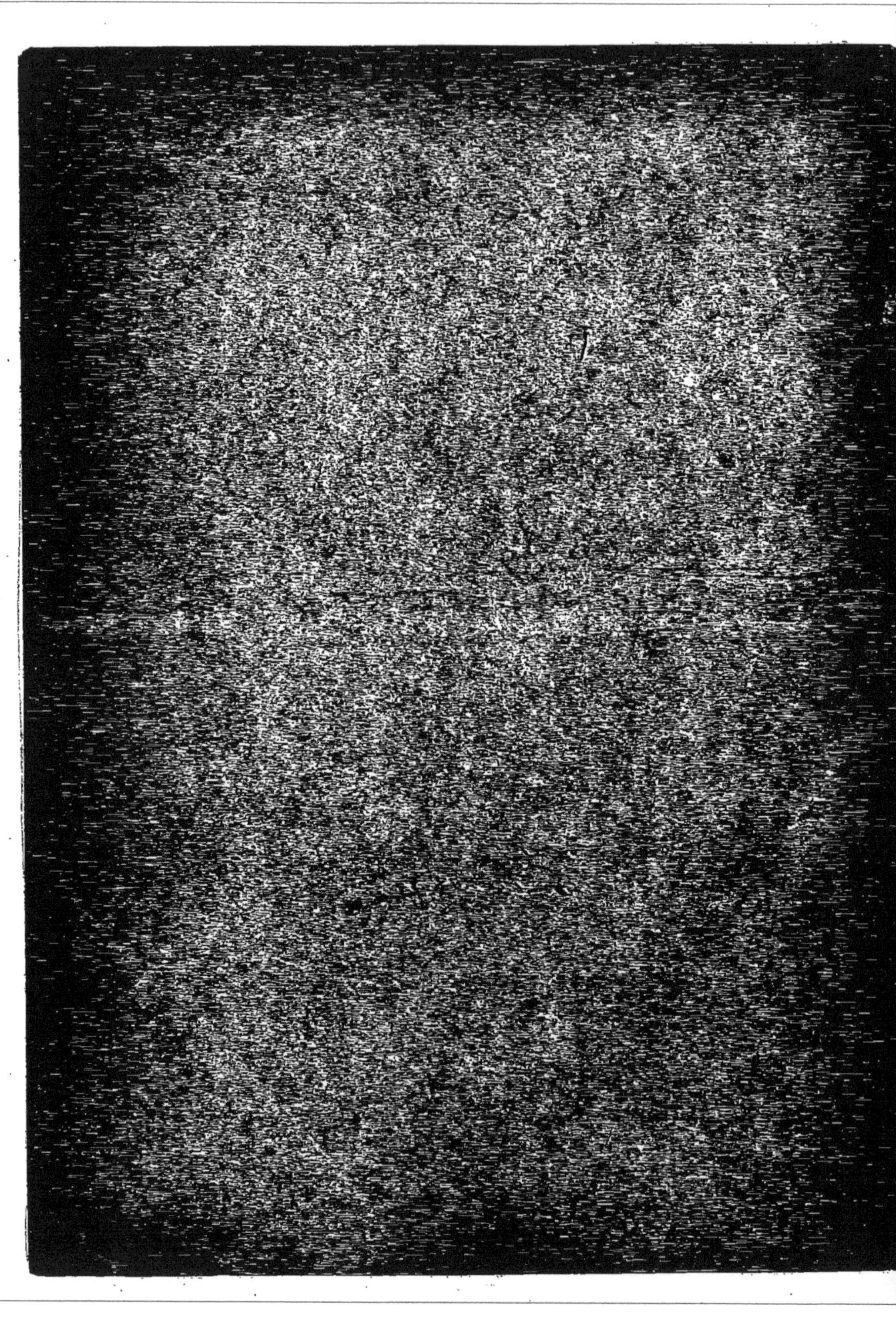

INSTITUT FRANÇAIS DE MILAN

QUESTIONS FRANCO-ITALIENNES

VI.

# L'INDUSTRIE DU MEUBLE DE LUXE EN LOMBARDIE ET LE REGIME DOUANIER FRANCO-ITALIEN ..

PAR

ANNA VERA EISENSTADT

PRIX : UN FRANC.

MILANO
6, Via Silvio Pellico
1917.

# L'industrie du meuble de luxe en Lombardie.

La Lombardie nous présente au point de vue de la morphologie économique un assemblage curieux de formes hétérogènes, de couches historiques superposées et entremêlées. On dirait que cette terre qui a vécu sous autant de dominations, qui a traversé autant de civilisations, en a gardé une empreinte profonde. Quiconque sait lire le langage des âges en trouve les vestiges sous le courant fiévreux de vie moderne, active, surexcitée qui caractérise cette belle province du Nord de l'Italie.

A côté de formes économiques de création tout à fait récente qui représentent le dernier mot de la technique et de l'organisation commerciale, nous trouvons des formes archaïques, des survivances qui avec une énergie de vie et une souplesse d'adaptation rares ont su submerger et se maintenir dans un ordre de choses nouveau.

Presque comme des représentants du bon vieux temps qui se seraient égarés parmi une Société de *snobs* modernes.

Ce qui facilite la survivance de ces formes économiques anciennes est le caractère de dualisme profond que jusqu'à présent a conservé l'économie nationale de l'Italie. D'un côté c'est un pays agricole aux formes de propriété et d'exploitation tout à fait surannées, d'un autre côté un pays qui a formé sa jeune industrie à l'école allemande et qui par conséquent, en sautant les étapes, a tout de suite su la modeler sur un type parfaitement progressif et moderne.

De là ces contrastes curieux, ces situations inattendues, qui font surgir, à côté de l'industrie gigantesque travaillant selon des procédés modernes et disposant d'un personnel ouvrier tout à fait urbain et prolétarisé, ces industries à moitié campagnardes et à moitié urbaines exécutées par des ouvriers à domicile, ouvriers qui sont en même temps petits patrons et paysans, qui vivent quelquefois pis que des prolétaires, ne sachant pas d'où viennent leurs maux, se sauvant de la crise agricole en recourant su travail industriel et comblant les lacunes de leur maigre salaire par le revenu de leurs terres.

Ces formes archaïques qui ne peuvent vivre que grâce à une faculté d'adaptation merveilleuse de l'homme travaillant vous ramènent en plein au moyen-âge, quand le passage de la vie de campagne à la vie urbaine se marquait à peine comme conséquence d'une création des arts et métiers, quand le paysan à force de travailler pour un marché distinct de celui du village se détachait peu à peu de la glèbe. Le commerçant qui lui achetait son produit pour l'écouler représentait les origines de l'organisation capitaliste par l'intermédiaire du *capital marchand*, du capital commercial. C'était un état nouveau de choses qui s'ébauchait et qui finissait dans la plupart des cas par l'urbanisation d'un tel ou tel métier, par la transplantation de l'ouvrier habile dans la ville qui l'absorbait, en lui assignant des tâches nouvelles. On dirait que dans certaines branches de l'industrie ce processus de l'urbanisation n'a pas encore abouti, que pour des causes d'adaptation biologique il a été singulièrement retardé, et que ces industries ont gardé leur caractère moyennageux et transitoire entre deux époques historiques.

*L'industrie du meuble de luxe* dans la région lombarde est une de ces formes archaïques de la production qui ont survécu à un état de choses qui se rattache parfaitement au passé. Economiquement elle ne représente donc qu'un intérêt historique, et ce qui surprend au premier abord c'est la vitalité tenace de cette industrie qui n'a pu se conserver que grâce à la frugalité légendaire du paysan lombard, à son manque de besoins réuni à une assiduité extraordinaire au labeur. L'industrie n'a pu se conserver que puisqu'elle avait à sa disposition cet instrument admirable de travail — l'hommo qui vend sa force au dessous de sa valeur et qui par toute sorte d'autres expédients arrive à reconstituer l'équilibre économique de son existence.

Quand en regarde la carte de Milan et des villes et villages qui l'entourent on a tout à fait l'impression d'une ville tentaculaire qui rayonne sur toutes les autres qui l'environnent. De nombreuses lignes de chemin de fer qui partent de Milan relient ce centre industriel important à toutes les petites villes des alentours, en font le vrai coeur dont les artères amènent le sang rouge de la vie à la périphérie. Milan est comme le centre où se réunissent toutes les grandes industries (les industries mécaniques, chimiques, électriques) qui demandent un personnel qualifié et entièrement dédié à la fabrication, l'ouvrier intelligent et spécialisé assoupli par un long apprentissage, qui touche un bon salaire et dont le niveau de vie est assez élevé.

Dans les environs ce sont surtout les industries agricoles qui dominent; le paysan qui cultive le maïs et qui se nourrit presque esclusivement de polenta (bouillie de maïs); l'élévage du ver è soie qui alimente la grande industrie du moulinage essentiellement lombarde. Et à côté de ces productions qui ne suffisent pas pour assurer l'existence paysanne — d'autres occupations qui servent à combler le vide dans le bilan familial. Parmi toutes ces occupations plutôt industrielles qu'agricoles, les plus importantes sont la *sculpture sur bois* et la *filature de la soie*. « Nos filles naissent fileuses et nos fils ont le goût de la sculpture dans le sang », disent les paysans de la Brianza (région environnante de Milan). Et en réalité, quand on traverse cette région, on voit souvent, dans ces ateliers semi-familiaux et semi-industriels construits au milieu de potagers verdoyants, de jeunes « ouvriers » entre 8 et 13 ans qui, nu-pieds, le ciseau en main, se penchent avec une attention soutenue sur un délicat travail de sculpture. La sculpture sur bois est une des occupation essentielles du paysan de la Brianza et *l'industrie du meuble sculpté* une des plus importantes de la Lombardie et qui donne de gros chiffres d'exportation.

(Ci-joint une carte qui donne les villages dans les environs de Milan s'occupant de la sculpture des meubles).

Nous parlerons plus loin des caractéristiques économiques de cette industrie. Ce qui frappe au premier abord c'est que l'industrie du meuble en Lombardie — une industrie d'art appliqué au vrai sens du mot — se nourrit essentiellement de *traditions françaises*. Dans les plus petits ateliers paysans, comme chez le grand fabricant qui en même temps est marchand de meubles, nous voyons un amoncelage de tous les styles du 17ième et 18ième siècle, en France. Du Louis XIV, du Louis XV et surtout du Louis XVI. Peu ou presque point d'Empire. Point d'art moderne. L'art moderne paraît au sculpteur italien, habitué à vivre parmi ses chers modèles du 18ème siècle trop « parvenu », trop allemand, comme disent quelques-uns. On fait quelques meubles anglais, mais ils sont destinés surtout à l'Italie. Ce qui se fait pour l'exportation et en grand c'est bien le meuble français et quand on traverse les ateliers de la Brianza on a l'impression de se replonger dans l'histoire du 18ième siècle en France.

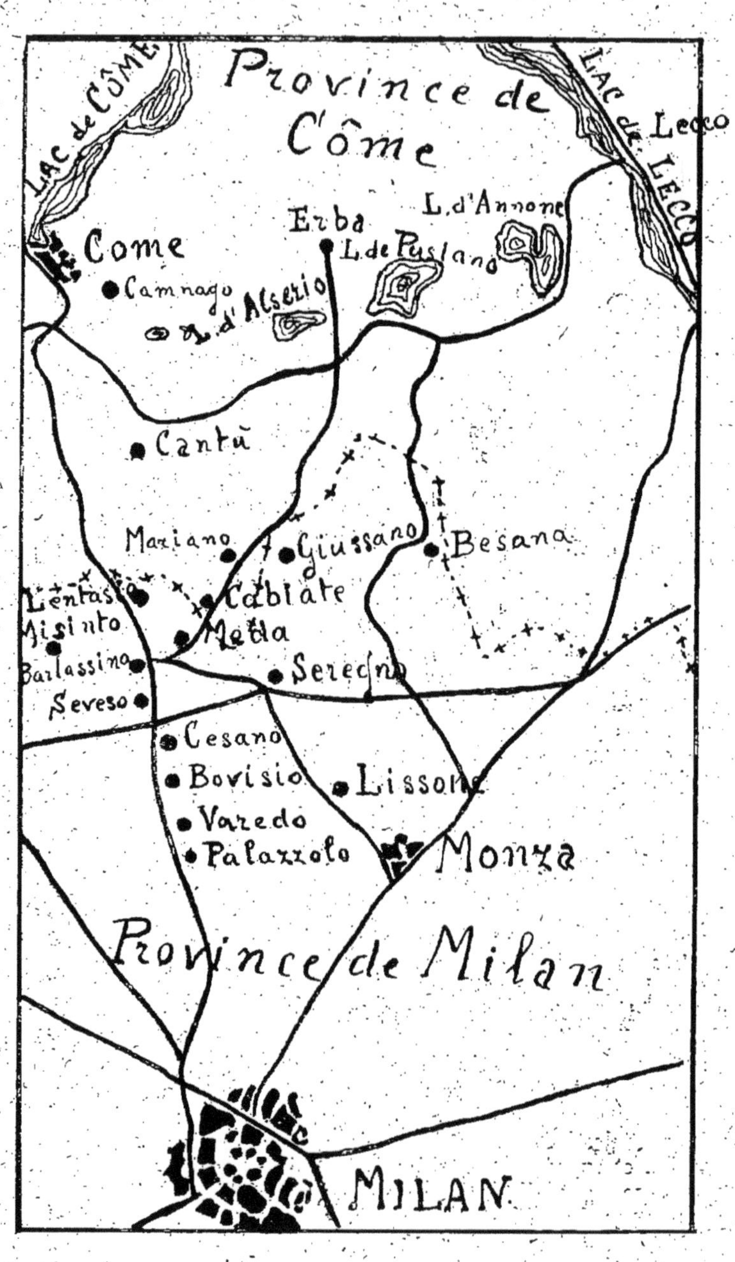

Province de Côme
LAC de CÔME
LAC de LECCO
Lac de Lecco
L. d'Annone
Erba
L. de Pusiano
Come
Camnago
L. d'Alserio
Cantù
Mariano
Giussano
Besana
L'Entaso
Cabiate
Misinto
Meda
Barlassina
Seregno
Seveso
Cesano
Bovisio
Lissone
Varedo
Palazzolo
Monza
Province de Milan
MILAN

C'est étrange jusqu'à quel point les noms d'un Boulle, d'un Riesener, de M.me de Pompadour et de M.me Du Barry sont familiers à ces paysans lombards. « Regardez ce beau salon Du Barry », me dit un vieux paysan dont le père déjà et le grand père avaient été ébénistes, en me faisant voir un fauteuil finement sculpté et à moitié doré. Une aquarelle accrochée au mur de son atelier et dont lui-même était l'auteur donnait les détails du salon complètement achevé.

« Pourquoi l'appelez-vous Du Barry ? », fis-je naïvement.

« Vous ne savez pas qui était M.me Du Barry ? », me demanda mon interlocuteur tout surpris. « C'était la favorite de Louis XV. Elle était belle, bien plus belle que M.me de Pompadour, et elle périt pendant la Révolution sous la guillotine. »

Je regarde le bonhomme bouche béante. Il sourit en clignant des yeux et nous deux éclatons de rire.

« Du reste — ajoute-t-il très savamment — vous voyez ce fauteuil avec ses lignes simples et nobles, presque antiques, est plutôt du Louis XVI que du Louis XV. Il est parfaitement ridicule de vouloir séparer les styles d'après l'ordre chronologique des souverains. On peut dire, sans faire violence aux faits, que le style qu'on appelle couramment Louis XVI, et qui mène en ligne droite à l'Empire, est déjà tout formé pendant les dernières années du règne de Louis XV. Nous l'aimons ici en Lombardie puisqu'il a beaucoup d'italien. Au fond ce n'est qu'un retour à l'antique. »

Je regarde mon interlocuteur avec un étonnement profond, et en sortant je suis presque étonnée de voir un carré de choux devant la maison de ce savant dissertateur de choses d'art.

Ce qui frappe surtout dans ses raisonnements c'est la connaissance qu'il a de la succession et de la continuité des divers styles dans l'art français. Dans la Brianza tout est spécialisé et le sculpteur qui fait du Louis XVI n'entend rien au Louis XIV. Aussi est-il rare de trouver parmi les ébenistes une culture artistique aussi « encyclopédique » comme chez le vieux paysan de Meda. Dans la plupart des cas leur source d'information et d'inspiration est constituée par les catalogues des grands magasins — «Bon Marché», «Printemps» et «Galeries Lafayette», — que l'on trouve presque dans toutes les maisons paysannes et dont les sculpteurs de la Brianza modifient les modèles en les affinant et en leur donnant une empreinte individuelle. Le goût artistique est si profondément enraciné chez cette vieille race de sculpteurs que mê-

 une en prenant pour point de départ le dessin d'un article de
série de grand magasin ils savent broder sur ce sujet les plus
joles compositions. Les acquarelles gracieuses qui sortent des
mains des dessinateurs de la Brianza ne rappellent que de
fort loin les numéros des catalogues de meubles des grands
magasins. Il y a beaucoup de bons dessinateurs parmi les
ébénistes de la Brianza, et en général ils fréquentent l'école
professionnelle qui se trouve dans presque chaque village
«jusqu'à ce qu'ils prennent femme». Là aussi l'oeil et la main
s'exercent sur des modèles français plus rigoureusement choisis que les catalogues du « Bon Marché ». Et c'est ainsi que
s'explique l'étonnante facilité avec laquelle ces paysans à
peine dégourdis manient les divers styles et savent se retrou-
ver avec une sûreté devenue presque instinct dans des questions de goût et de nuances qui présenteraient quelquefois des
difficultés pour les initiés. Il y a comme une affinité naturelle
entre le sculpteur et son oeuvre, affinité qui ne peut s'expli-
quer que par un passé historique de longue collaboration entre les arts appliqués français et italiens. En me disant :
« nous aimons le style Louis XVI en Lombardie puisqu'il a
beaucoup d'italien », l'ébéniste de Meda avait, avec une in-
tuition juste, mis à nu les racines historiques de cette attrac-
tion qui existe entre l'art du meuble français et l'ébéniste italien. Il avait, on ne peut mieux, caractérisé cette pénétration
mutuelle qui depuis des siècles existe dans ce domaine entre la
France et l'Italie et dont nous voyons la preuve vivante dans
l'industrie du meuble en Brianza. On fait encore beaucoup de
meubles de luxe ailleurs, — dans le style de la *Renaissance*
italienne à Venise et à Turin, — dans le style *chartreux* (cer-
tosino) à Florence, — ce n'est qu'en Brianza qu'on fabrique
exclusivement du meuble français. Le *sculpteur* italien s'inspire au *modèle français;* il ne s'y inspire avec autant d'amour
et de pénétration que parce que à son temps l'industrie du
*meuble français* a subi l'influence profonde de *l'art italien.*
Nous allons, dans une brève esquisse historique, tâcher de
démêler les fils caractéristiques de cette pénétration mutuelle.

# I.

## Les influences italiennes dans l'art du meuble français.

L'industrie du meuble en Lombardie est très ancienne. Voilà ce qu'écrivait à ce propos en 1856 le très savant auteur d'un « Mémoire sur les manufactures lombardes » honoré d'un prix d'encouragement par l'Institut Lombard « Imperial-Royal » (c. à. d. du temps de la domination autrichienne), des Sciences, Lettres et Arts (1).

« L'industrie du meuble en Lombardie est presque exclusivement concentrée dans la province de Milan et à proprement parler dans cette ville qui fabrique les meubles les plus élégants. Les meubles plus ordinaires se font dans les petits villages qui environnent la dite ville de Milan: Cesano Moderno, Seveso, Barlassina, et Lissone. La commune de Meda, (le village de l'ébéniste savant), à une distance d'à peine 12 lieues de la capitale, s'est spécialisée au contraire dans la fabrication de fauteuils, de canapés, de « vis-à-vis », de dormeuses et d'autres jolies choses, qui donnent une occupation facile à plus de 900 personnes. Le bois dont on fait usage pour les meubles de luxe, est le noyer d'Inde, l'acajou, le bois de rose, le frêne de Hongrie, et aussi le noyer de nos Alpes. Ce dernier, comme le frêne national, le peuplier et le cerisier servent à la fabrication de meubles ordinaires.

« La situation de cette industrie en Lombardie ne laisse rien à désirer. On peut même dire qu'elle est florissante à tout point de vue; on y fabrique toute espèce de meubles qui par leur *variété, élégance, précision, et solidité* ne le cèdent en rien aux meubles si justement renommés de Paris. On

---

(1) GIOVANNI FRATTINI — Storia e Statistica dell'Industria Manifatturiera in Lombardia. Memoria onorata del Premio d'incoraggiamento dell'I. R. Istituto lombardo di scienze e lettere ed arti nell'anno 1856, p. 198.

en voit ornés d'*incisions* et de toute sorte de décorations de *bronze;* d'autres aux *incrustations d'ébène* et d'*ivoire,* travail dans lequel excellent les fabricants Spilluzzi et Fontana de Milan, lesquels, per la beauté de leur dessin, ont rejoint et même surpassé les travaux les plus exquis du 500.

« Le *meuble* étant lui aussi sujet à la *mode,* c'est de *Paris* comme pour les autres choses qu'on en retiée les modèles. Pour conserver et cultiver pourtant le bon goût parmi nous dans cette matière il s'est créé très heureusement un journal sous le titre de « Tapissier moderne » (« Addobbatore moderno ») qui contient des dessins d'artistes de valeur, quelquefois même originaux. Les meubles de goût ordinaire — ce que l'on appellerait « la trôle » en France — (note de l'auteur) — sont amenés des villages environnants à Milan, où chaque samedi se tient le marché à la place de *Sainte Marthe* (1). Cette industrie est si importante qu'elle donne du travail à 3000 personnes. Elle fait travailler les ébénistes, les tapissiers, les serruriers, les doreurs, les vitriers, les vernisseurs, on leur assurant un gain entre 2-4 lires autrichiennes pour les ouvriers milanais, et entre 1-2 lires autrichiennes pour ceux qui travaillent à la campagne ».

Telle est la caractéristique donnée par Frattini à l'industrie du meuble lombard en 1856. Il s'agit, si nous croyons sen témoignage, d'une industrie pleinement développée, occupant relativement *un très grand nombre de personnes* (n'oublions pas que nous sommes en 1856, époque à laquelle il ne peut y être question d'un capitalisme développé), usant de *procédés de travail très compliqués, s'inspirant à la mode de Paris,* quelquefois ayant des idées artistiques originales dans « L'Addobbatore moderno. ».

C'est une industrie qui, selon toute probabilité, a un long passé historique, puisque le tableau tracé par Frattini caractérise un état de choses qui ne peut être que l'aboutissement final d'une évolution assez compliquée. Et en réalité l'auteur fait remonter l'industrie du meuble à Milan à un temps extrêmement reculé, à la toute première période de l'ascension économique de la riche cité lombarde, au XIe siècle.

« Après la domination funeste sur notre contrée des familles longobardes, et après notre passage transitoire sous le sceptre des Carolingiens, toutes les choses de la vie — agriculture et industries — prirent un nouvel essor chez nous.

---

(1) Ce marché s'est conservé jusqu'à nos jours. Nous en reparlerons en caractérisant l'état actuel de l'industrie du meuble milanais.

Déjà au XI siècle nos habitudes de vie frugale avaient fait place à un luxe remarquable dans la manière de *s'habiller* et *d'ameubler* ses maisons ». Et comme preuve de ce luxe effréné — conséquence et cause en même temps du développement industriel de Milan — l'auteur cite les oraisons que le St. Père Damiano di Ravenna adressait à ses ouailles égarées. Il reprochait au « bon peuple de Milan » les riches tables pliant sous le poids de plats variés, empanachées, enguirlandées et surmontées de tours, les aromes indiens, les tasses de cristal et les vins enivrants. Ensuite les belles étoffes et les franges qui descendaient sur les yeux des femmes en les faisant ressembler à des cadavres d'Inde. Enfin les *chambres bien meublées* et décorées (le mot italien « addobbato » a un sens peu différencié encore de meublé et décoré), les tapis aux dessins précieux, qu'on attachait aux murs et dont on couvrait les *sièges*, les *baldaquins*, les *lits somptueux*.

« Cette richesse dans les *mets*, les *habits* et *l'ameublement* des maisons — dit notre autéur — doit certainement s'attribuer à l'état prospère dans lequel se trouvent nos *industries* et notre *agriculture* » (1).

Et depuis le XI siècle, la richesse de Milan croit avec une rapidité vertigineuse. L'église avait beau prêcher contre le luxe. Le bon peuple milanais, dont les besoins de bien être avaient reçu une forte impulsion pendant les croisades qui lui mirent sous les yeux toute la richesse éblouissante du luxe oriental, ne retourna jamais plus aux moeurs rustiques de son passé. « En dominant 55 autres villes, et parmi celles-ci les plus considérables de la Lombardie, — dit Frattini — Milan s'éleva au XVe siècle, par son industrie, sa population et sa richesse, à un tel degré de considération qu'elle se mérita le nom de « *Rome Seconde* » (2).

La richesse de Milan ne tarda pas d'éveiller des jalousies et des convoitises. Les nombreuses guerres conduites à partir du XV siècle autour du beau duché de Milan en sont le preuve. Les guerres de Charles VIII et surtout de Louis XII, (1494-95) — petit-fils de Valentine Visconti — issue d'une des familles régnantes de Milan — qui conquit le duché de Milan; les guerres enfin de François I, eurent une conséquence très importante au point de vue qui nous intéresse. Elles firent connaitre l'Italie à la France. C'était là

_______________

(1) Op. cit. p. 8.
(2) Op. cit. p. 16.

un des résultats des guerres d'Italie. Notons le entre parenthèses, et disons le aux dénigrateurs de la guerre à tout prix, qui ne veulent voir dans ce phénomène historique qu'un fléau de l'humanité, que ce n'est pas pour la première fois dans l'histoire que les guerres ont eu un effet civilisateur profond. La connaissance entre les deux peuples date de ces guerres, et le premier courant de pénétration mutuelle s'établit depuis les campagnes d'Italie. Qu'elle a été l'influence de l'Italie sur la France du XV⁰ siècle? On peut dire qu'elle fut décisive et qu'on peut dater une nouvelle époque de l'art français du moment des guerres italiennes. Le 400 pénètre en France sous toutes ses formes, surtout sous sa forme architecturale. L'art gothique, l'art ogival né dans l'Ile de France et dont la domination absolue est caractéristique pour l'époque qui va du XII⁰ au XV⁰ siècle, subit une transformation profonde. Deux tendances se dessinent dans l'art français jusqu'alors aussi uni, aussi achevé. L'une de ces tendances n'est que la continuation de l'art gothique du moyen-âge, l'autre procède nettement de *l'art italien* et est caractérisée par un retour aux formes de *l'antiquité*. Les deux tendances se disputent le XVI⁰ siècle. On n'a qu'à comparer entre eux les monuments d'architecture du commencement et du milieu du XVI⁰ siècle pour se persuader que les uns se rattachent à la tradition française, les autres à l'art italien. Le Louvre construit sous Henri II est le vrai type de la *Renaissance française* née sous *l'influence italienne* avec ce souci de la *régularité* et de la *symétrie* qui la caractérise. *L'arc brisé* a disparu pour faire place au *plein cintre romain*. Ce changement profond dans les modes de construction n'avait pu se produire que puisqu'une certaine accoutumance s'était déjà faite sous François I aux procédés de l'architecture italienne. Charmés par les beautés d'un art qui leur était inconnu jusqu' alors, les rois de France, à partir de Charles VIII, avaient beaucoup fait pour acclimater l'art italien en France. Francois I réunit autour de lui toute une colonie d'artistes italiens à Fantainebleau. (N'oublions pas que Leonardo da Vinci mourut au Château de Cloux, près Amboise, et que Benvenuto Cellini fut beaucoup goûté a la Cour de François I.)

Les arts mineurs, en particulier *l'art du meuble*, suivaient de très près l'évolution de l'architecture. Le premier style réellement nouveau en France, qui marquait la fin du moyen-âge dans l'art du meuble, est le style *Henri II*. Ce style a nettement rompu avec les *formes ogivales*. Il est caractérisé par le retour à l'antiquité — des *formes géométri-ques*, des colonnettes et des pilastres qui accompagnent de façon harmonieuse les nouveaux édifices du style Renaissance et qui sont la grande mode du XVI<sup>e</sup> siècle en France.

Il est sûr que la femme de Henri II — Cathérine de Médicis — n'a pas été sans influencer l'art de l'ameublement dans sa patrie nouvelle. Encore aujourd'hui un contre-maître de la fabrique de Besana à Meda, en me faisant voir un buffet monumental en acajou, de style Henri II, destiné à orner la salle à manger d'un milliardaire américain, me fit l'observation qu'il était digne d'une « Cathérine de Médicis ».

On le voit, l'orientation nouvelle dans l'art du mobilier français vient de l'Italie. Les formes plus ou moins compliquées du style Henri II tranchent sur les types de meuble adoptés dans la France du moyen-âge. Il est vrai que depuis le XIII<sup>e</sup> siècle la corporation des « huchiers » faisait le meuble sculpté à Paris. Le meuble de métal avait été définitivement abandonné, et le chêne, le noyer, le châtaignier de la Gaule servaient à faire des huches soigneusement sculptées par l' « imagier ». Mais la forme fondamentale de ces meubles était la même malgré la variété de sculpture. C'était invariablement la huche qui servait a des usages bien divers puisque l'on y enfermait les objets domestiques, que l'on y pétrissait le pain et que l'on y enterrait les morts, ainsi que le constate un très curieux article des statuts de la corporation des huchiers.

Cette huche servant de coffre, d'armoire, de siège, est le meuble principal du moyen-âge ; ce n'est qu'avec la Renaissance qu'apparaît le *meuble moderne* avec toute la variété de ses formes. Dans la construction de ce meuble dans le premier style moderne qu'est le style Henri II apparait nettement *l'influence italienne* en contraste évident avec les *formes ogivales* du moyen-âge.

Dans cette première phase de son évolution, l'industrie du meuble reste encore étroitement liée à la corporation des huchiers qui, avec leurs statuts et la réglementation de leur travail, n'admettaient qu'une production limitée. Il était réservé au XVII<sup>e</sup> siècle, qui vit naître la grande industrie en France sous la main ferme d'un Colbert, de faire de la production du meuble une industrie dans le vrai sens du mot. Pour créer la grande industrie en France, Colbert avait imaginé la *manufacture* en face de la *corporation*. De même pour le mobilier de haut luxe il fit surgir deux ateliers royaux dispensés en quelque sorte des visites et des tracasseries corporatives : la *manufacture des Gobelins* et les *Galeries du Louvre.*

« *La manufacture des Gobelins* — dit M. de Maroussen dans un travail qui s'occupe plutôt de la question ouvrière que de questions d'art (1) — (c'est un détail en général oublié) n'était pas dans la pensée de ses fondateurs, non plus que dans l'exécution première qui en fut faite, une simple manufacture de tapisseries ; c'était une manufacture de toute espèce de meubles, la *manufacture des meubles de la couronne.* Là régnait en maître le peintre *Lebrun* qui distribuait les sujets avec son inépuisable fécondité aux *artisans de génie* placés sous ses ordres : *italiens* pour la pluprt, appelés de Florence par le Cardinal Mazarin : *Caffieri*, le sculpteur naturalisé en 1665 ; *Domenico Cucci*, qui fondait les serrures et les bronzes ; Ferdinand et Horace Migliorini, ouvriers en pierres fines, les lapidaires Branchi et Louis Giaccetti, également toscans.

« La manufacture est royale, et c'est le roi qui décide de tout, du luxe même et du goût qui dépendent de sa grâce souveraine. La grande noblesse copie Versailles. Noblesse et haute bourgeoisie recherchent à la suite du maître qu'elles imitent les *meubles de bois rare,* les meubles d'ebéne revêtus d'applications de bronze et d'écaille, à la fois de matière précieuse et de travail délicat, tels que devait les exiger une race affinée par les richesses, énorgueillie par les succès, un siècle après la découverte de l'Amérique et après la *Renaissance italienne* qui avait su ressusciter les conceptions artistiques oubliées ».

Et nous avons le témoignage d'une autorité indiscutable en matière d'art, M. Molinier, pour nous dire que c'est justement à ce moment qu'est née la *grande industrie* du meuble en France. A partir de ce moment (création de la manufacture des Gobelins) (2), le mobilier moderne était constitué et adopté par toute l'Europe ; il a pu changer de style, mais depuis Louis XIV nous n'avons point changé de meubles. Les éléments qui composent notre mobilier actuel datent tous du XVII^ième siècle : *l'armoire*, la *commode*, le *bureau*, les *sièges*, garnis d'étoffes superposées à un système de *coussins fixes*, remplaçant le bois sur lequel à la Renaissance se

---

(1) P. DE MAROUSSEM. *La question ouvriere.* Ebénistes du Faubourg St. Antoine. Grands Magasins « Sweating System ». Paris 1892, p. 39.

(2) MOLINIER, *Histoire des Arts appliqués à l'Industrie.* Vol. III. Le mobilier au XVII et au XVIII siècle, p. 222.

plaçaient des coussins mobiles, tout cela date du XVII° siècle, comme au XVII° siècle remonte l'emploi fréquent des
bois exotiques substitués aux bois nationaux. L'*ébéniste* a
pris la place du menuisier, si on a égard au sens qu'on attri-
buait à ce mot encore au XVI° siècle. Mais l'usage du bois
précieux n'est pas la seule conquête du mobilier français sous
Louis XIV. A ces éléments nouveaux sont venus s'ajouter encore les *pierres dures* et les *mosaïques* empruntées à l'*Italie*,
les *bronzes dorés* dont l'origine se retrouve dans les *cabinets
italiens* ».

Molinier, en faisant passer devant nous la manufacture
des Gobelins à l'oeuvre, insiste particulièrement sur le *caractère italien* du meuble qui se produisait sous la direction
géniale et savante d'un Lebrun.

« Lebrun — dit-il — a transporté en France, avec quelque chose de plus réfléchi, les procédés de l'art italien ». (1)

« Ce qu'il faut retenir, c'est que ce mobilier, que les
pièces en fussent créées par un Flamand tel que Galle, ou
un Italien tel que Cucci, avaient toutes le même caractère,
*un style italien très prononcé*, qui est bien en somme la *note
dominante* dans toute une partie de la décoration à laquelle
le nom de Louis XIV est resté attaché : abondance de *figu-
res de bronze*, d'*appliques de métal* de fort relief, se déta-
chant de fonds très voyants de *jaspe* ou de *pierres multicolo-
res*. Par là encore, et c'est un point sur lequel on ne saurait
trop insister, toute cette décoration n'est que le développement sur un plan grandiose des manies plus ou moins artistiques d'un *Richelieu* ou d'un *Mazarin* qui ont suivi la *mode
italienne* de leur temps, l'ont *importée* en France, mais ne
l'ont point *créée*.

« Il était donné à un prince tel que Louis XIV, qui n'é-
tait retenu ni par les considérations politiques d'un Richelieu, ni par la pauvreté relative d'un Mazarin, de porter à
son maximum l'épanouissement d'un *style* dont les *artistes
italiens* avaient pu entrevoir dans leurs rêves les magnificen-
ces possibles, mais dont le maigre budget des princes de leur
pays leur interdisait la réalisation. Qu'étaient en effet les
ressources dont pouvait disposer un grand duc de Toscane,
ou même un Pape, en comparaison du budget du royaume
de France? Louis XIV, pendant de longues années, y puisa
sans compter et sut faire du Louvre et de Versailles des pa-

---

(1) Op. cit. p. 36.

lais dignes de rivaliser avec les habitations décrites dans Mille et Une Nuit ».

C'est Lebrun qui a donné l'empreinte de son génie à toute cette époque de l'art français. Pourtant il n'aurait su diriger la manufacture des Gobelins avec un tel succès s'il n'avait eu à ses ordres des *artisans de génie*, comme dit Molinier. Parmi les plus importants de ses collaborateurs il faut nommer Domenico Cucci et Filippo Caffieri, dont le dernier a donné à la France toute une dynastie d'ébénistes de talent : la dynastie des Caffieri.

*Domenico Cucci* (1) — dit Molinier — n'est connu que des érudits, et cependant, sans avoir joué un rôle aussi considérable qu'*André-Charles Boulle*, son influence a été grande sur toute la décoration des palais royaux. *Ébéniste* et *fondeur* — ce sont là les titres que lui donnent les Comptes — les travaux sortis de ses mains, depuis les cabinets d'ébène ornés de *mosaïques à la florentine*, jusqu'aux bronzes les plus somptueux créés sur ses modèles dans les fonderies des Gobelins, sont innombrables, ou du moins étaient innombrables. Cucci n'était pas un artisan ordinaire et Marolles a jugé à propos de le mentionner dans ses détestables vers :

> *Pour la sculpture en bois là sont venus de Rome*
> *D'entre les bons sculpteurs Philippe Caffieri*
> *Et du mesme pays Dominique Cucci*
> *Que partout en leur art justement on renomme.*

Comme à tous les artistes italiens établis à la Cour de Louis XIV, on lui demandait d'appliquer son talent aussi bien à la fabrication de *meubles* qu'à l'orfèvrerie et aux ornements de bronze. Il faudrait (2) — dit Molinier — republier les Comptes des bâtiments pour se faire une idée du talent très varié de Cucci à la fois *ébéniste, bronzier*, et *marqueteur*, travaillant très directement sous la direction de Lebrun, puisqu'il avait ses ateliers, mais conservant cependant dans ses oeuvres, autant qu'on peut en juger par des descriptions forcément incomplètes, un *style italien* assez prononcé. *Boulle*, tout en employant des procédés de décoration *d'origine italienne*, a fait des meubles de style français. *Cucci*, au contraire, peut passer pour un de ces artistes formant le chaînon reliant l'art italien et l'art français du XVII° siècle. Le long séjour qu'il avait fait en France n'était point parvenu à

---

(1) Op. cit. p. 95.
(2) Op. cit. p. 50.

lui faire renier un goût prononcé pour les *mosaïques* voyan-
tes ou pour les consoles ou scabellons de *bois doré* et verni
en *bleu éclatant*. On me pardonnera — dit Molinier — d'a-
voir insisté sur l'oeuvre de Cucci, mais son rôle m'a paru trop
important dans l'ensemble des travaux de *décoration* et de
*mobilier* exécutés sous Louis XIV pour qu'une simple men-
tion suffise pour 40 années de travaux.

Un autre *artiste italien* appelé probablement en France
par *Mazarin* vers 1660, c.à.d. trés peu de temps avant la mort
du ministre, joue un *rôle* également *important* dans l'évolution du *style décoratif* en France dans la seconde moitié du
XVIIᵉ siècle — *Philippe Caffieri.* — Caffier, comme l'appel-
lent fréquemment les Comptes royaux, a surtout *sculpté le
bois*, mais il a fait également des *bronzes*. D'origine napoli-
taine, établi en 1665 aux Gobelins, il recevait des lettres de
naturalisation dans lesquelles on le désigne sous le titre de
« *sculpteur ordinaire des meubles de la Couronne* ».

Caffieri fut surtout employé comme *sculpteur sur bois*,
chargé d'exécuter des guéridons, des scabellons, des pié-
destaux, des fauteuils sculptés ou peints. La plupart de ces
meubles destinés à être dorés, argentés ou peints, quelquefois
l'un et l'autre, faisaient partie de la décoration des châteaux
royaux et dans un certain nombre de cas nous voyons Caffieri se partager la besogne avec le sculpteur Tuby, son compa-
triote. Caffieri a donné à la France toute une dynastie d'artistes de valeur. « Ce n'est point comme ébénistes que les Caffieri tiennent une place dans l'histoire du mobilier du XVIIIᵉ
siècle — dit Molinier — (1) *Sculpteurs, fondeurs et cise-
leurs,* ils ont fourni aux artistes qui travaillaient des meubles quelques-unes des plus belles pièces décoratives que nous
possédons encore aujourd'hui. De cette *dynastie des* Caffieri il
faut retenir Jacques, 1678-1755, fils de Philippe I, et Philippe II fils de Jacques ».

Sous quelle forme se manifeste l'influence de ces deux
artistes, — influence si importante que Molinier, en parlant
de *Boulle* et en démêlant les éléments artistiques de sa personnalité, les définit comme l'*art italien* mitigé par Le Brun?

L'art italien se manifestait partout: dans l'architecture,
dans le mobilier, le luminaire. « Il suffit — dit Molinier —
(2) de jeter les yeux sur l'un des *vantaux* des portes du
grand escalier de Versailles, oeuvre authentique de *Caffieri*

---

(1) Op. cit. p. 129.
(2) Op. cit. p. 52.

2

(dont le plan de décoration est dû à Le Brun) Ce qui est *italien* d'origine dans cette décoration c'est la profusion de l'*or*, c'est le besoin de mettre de la *couleur* partout. De même dans le *mobilier* proprement dit, dans les *guéridons*, sortes de hautes *torchères* soutenues par des *cariatides*, portant des *plateaux* sur lesquels on déposait des *girandoles* de cristal, organisation du luminaire tout à fait italienne; dans les consoles ou les *pieds de tables* ».

« Le mobilier en usage sous Louis XIV — dit Molinier ailleurs (1) — était complété, et rattaché à la décoration intérieure par d'autres pièces de *mobilier*, qui peuvent se réclamer d'une *origine italienne* au point de vue du style, si, dans la plupart des cas, l'exécution est française. Dans ce mobilier, les objets les plus saillants sont les supports de table de marbre ou de mosaïque, les consoles, les guéridons destinés à soutenir les girandoles de cristal. Dans l'exécution de ce mobilier il faut signaler ce fait, que l'introduction de l'usage de *bois doré et peint à l'italienne* fut dès lors un fait accompli; et pendant tout le XVIII siècle, si, comme de juste, les formes se modifièrent selon le style à la mode, le principe resta le même ».

C'est donc l'art italien qui s'impose sur toute la ligne et dont l'empreinte se retrouvera dans l'industrie du meuble quand la mémoire de ses origines se sera depuis longtemps perdue. Ceux qui apportent cet art à la France ce sont les Caffieri et Cucci, qui, avec les mosaïstes et les lapidaires Miglionin, Giacetti, Branchi, forment une colonie italienne importante aux Gobelins.

« L'âge d'or » du meuble français est donc caractérisé par une forte et prévalente influence de l'art italien. On ne peut pas dire autant de l'époque de Louis XV, qui, avec les formes gracieuses et asymétriques de la rocaille, puise à d'autres sources, remonte à d'autres origines.

Nous laisserons de côté cette époque si intéressante, qui, avec ses formes contournées, plus ou moins ornées de guirlandes de fleurs et de coquilles, a laissé à l'histoire du meuble des types aussi caractéristiques, aussi achevés.

Ce qui nous intéresse surtout c'est l'autre courant de l'art français qui, à côté de l'art officiel de la rocaille breveté par la Cour, commence à apparaître — faible tout d'abord, s'accentuant de plus en plus vers la fin du règne de Louis XV.

---

(1) Op. cit. p. 84.

── 19 ──

« N'oublions point — dit Molinier (1) — qu'en pleine folie de « *rocaille* », jamais le *style classique*, ou tout au moins le style classique arrangé par les grands décorateurs de Louis XIV, n'avait perdu tous ses droits.

« Et par une contradiction assez bizarre en apparence, celle-là même qui eut personnellement beaucoup d'influence sur les *artistes français* du milieu du XVIII° siècle, *M.me de Pompadour*, qui sacrifiait si volontiers à ce que le style rocaille avait en apparence de plus *déreglé*, avait indirectement contribué à une *renaissance du goût pour l'antiquité*. C'est que, par suite de circonstances, grâce aux conseillers dont elle était entourée, elle fut amenée à protéger davantage les uns que les autres ».

« C'est en marge de la Cour que nous devons chercher pour découvrir les origines du changement de style pendant le règne de Louis XV — dit Seymour de Ricci dans une étude sur le «Style Louis XVI» (2) — Comme l'a très justement remarqué Courajad dans une page excellente, bien que vieille aujourd'hui de près de 40 ans, c'est sous l'égide de la plus savante et de la plus grâcieuse des favorites que s'est accompli ce grand changement dans l'orientation de l'art français.

« M.me de Pompadour — dit Courajad (Livre journal de Lazare Duvaux, Paris 1873) — a laissé son nom à une époque de l'art, mais une erreur assez commune est de qualifier de style Pompadour le style du mobilier le plus extravagant et le plus contourné du XVIII° siècle, M.me de Pompadeur au contraire donna l'impulsion à un *style nouveau*, qui tranchait par sa simplicité sur l'ancien.

Sans avoir jamais vu l'*Italie*, elle avait un goût sincère pour l'*antiquité*. Elle croyait copier l'antiquité avec les pierres gravées de Guay, à travers les dessins de Bouchardon, et presque tous les artistes qu'elle protégeait étaient imbus d'idées antiques. Elle avait envoyé son frère étudier l'antiquité d'après les fouilles récentes des environs de Naples.

« Le voyage de Rome — dit Molinier (3) — était encore comme aujourd'hui, *plus qu'aujourd'hui*, le pélérinage obligé de tout artiste et de tout amateur d'art. Il ne faut donc pas s'étonner outre mesure que ce soit en *Italie* que *Cochin, Le Blanc* et *Soufflot*, les trois mentors choisis par M.me de Pompadeur pour son frère, lui aient conseillé d'envoyer

---

(1) Op. cit. p. 158-59.
(2) SEYMOUR DE RICCI. *Le Style Louis* XVI. Mobilier et décoration. p. 8.
(3) Op. cit. p. 160.

leur élève. C'est vers cette époque, en 1748, que sont commencées les fouilles à Pompei et continuées quelques fouilles à Herculanun, où les premières trouvailles remontent à 1719 ».

Les mentors du jeune Poisson rapportent de l'Italie un style nouveau et ancien en même temps, le style de l'antiquité qui déjà sous Louis XIV avait fait sa première apparition en France.

Ce style trouve son plein et entier développement chez Riesener qui a su avec un art merveilleux personnifier successivement deux styles aussi différents que la « rocaille » et le retour à l'antique.

L'avènement du style que Riesener caractérise dans l'histoire du *mobilier. français* peut être considéré comme une date importante.

« L'existence prolongée de Riesener, le fait qu'il a connu et pratiqué successivement deux styles tout à fait différents, en font un des ébénistes les plus intéressants du XVIII° siècle » (1). Nous avons vu que les tendances qu'il réunit de façon aussi éclatante dans son activité artistique remontent dans leur origine première au temps de M.me de Pompadour.

« En adoptant le *style antique* vers 1770, Riesener — dit Molinier — n'était pas absolument en avance. Il était si peu en avance qu'à la même époque, en 1769 a Rome, paraissait un recueil composè de 76 planches in folio constituant déjà un style tout formé).

Ce recueil s'intitulait : « Diverse maniere d'adornare i camini ed ogni altra parte degli edifizi, desunte dall'architettura egiziana, etrusca, greca e romana... dal cav. Giambattista Pironesi... con un ragionamento apologetico in difesa dell'architettura egizia e toscana.... In Roma 1769 ».

« Ci livre de l'architecte Pironesi — dit Molinier — est un signe du temps et contient en germe tout un bagage décoratif issu de la même source à laquelle puiseront *tous les architectes, tous les artistes*, même des dernieres années du règne de Louis XV, du règne de Louis XVI, de la Révolution et de l'Empire. Dans un article (Le style Empire sous Louis XVI°) M.Gaston Schefer a fait ressortir toute l'importance de l'apparition d'un tel *recueil* a un pareil moment ».

La première étape du retour à l'antique est marquée par le nom de M.me de Pompadour, la seconde devrait porter le nom de M.me Du Barry. « On a parlé d'un style Louis

(1) Op. cit. p. 169.

XVI, ou même d'un style Marie Antoinette à propos de la renaissance de l'antique — dit Molinier. — On oublie trop qu'à ce point de vue le vocable de style Du Barry serait plus admissible, car c'est pour la châtelaine de Louveciennes que Gouthiers, qui résume le plus complètement les caractères du style dit style Louis XVI, a enfanté ses plus purs chefs d'oeuvre. Marie Antoinette hérita comme souveraine des goûts de luxe très raffinés dont on trouve la plus complète expression dans le mobilier dont s'était entourée la dernière maîtresse de Louis XV, M.me du Barry. (1)

Dans les mobiliers somptueux et délicatement conçus de cette époque, c'est bien le *style antique* mitigé par un maniérisme et naturalisme adorable, qui s'épanouit à chaque pas.

Quels sont les caractères essentiels de ces meubles?

« Sauf de très rares exceptions — dit Molinier — tous ces meubles suivent la loi générale, ce qui n'a pas lieu de surprendre. La ligne *verticale* et l'*horizontale* sont de rigueur, avec toute la sécheresse des combinaisons qui peuvent résulter de ces deux éléments. Mais sur ces lignes générales rien n'empêche le sculpteur d'ajouter des rubans, des canaux droits et en hélice, des feuillages, etc qui varient les surfaces et les protègent encore contre la raideur ». (2)

Nous voilà donc une autre fois retournés aux formes simples de l'antiquité en divergence complète avec les formes contournées de la rocaille.

« Le genre a fait école dans toute l'Europe sous le nom de style français (3), alors que par ses origines il était plutôt étranger. Cela peut passer pour un paradoxe près de ceux qui ne se rappelleront pas qu'à partir de la Renaissance tout au moins l'art français a toujours eu besoin d'une sorte de *ferment* venu de l'étranger, pour prendre à son tour un essor tout à fait inattendu.

« L'histoire de l'art français — dit l'éminent historien de l'art ailleurs (4) — est faite de ces mariages et de ces contrastes. Nous avons absorbé à deux reprises différentes l'*art italien* (Louis XIV et Louis XVI), et l'art français ne s'en est pas plus mal porté, *au contraire*. Je souhaite qu'il en soit de même maintenant ».

Qu'on veuille nous pardonner ce chapitre bien trop long et presque tout fait de citations.

---

(1) Op. cit. p. 169-171.
(2) pp. 217.
(3) pp. 201.
(4) pp. 170.

Il nous a paru important d'établir la filiation intime qui existe entre l'art italien et l'art français. C'est puisqu'il y a eu comme une transfusion de sang d'une nation à l'autre dans ce domaine qu'il est devenu presque impossible de tracer une ligne de démarcation nette entre ce qui appartient à l'une comme à l'autre dans cette création commune de formes d'art. Raison de plus — dira-t-on — pour que cette communauté de travail créée dans le passé subsiste dans le présent. Pourtant il n'en est pas ainsi. Les choses ne se passent pas toujours comme on pourrait s'y attendre. Les deux industries française et italienne, issues de sources à peu près identiques, ne vivent pas de bon accord. Nous allons tâcher d'établir ce qu'il y aurait à faire pour arriver à une juste conciliation.

## II.

### Caractère économique de l'industrie — Régime douanier.

L'industrie du meuble, très ancienne en Lombardie, se divise en trois branches bien distinctes, très différenciées. Il y a le *meuble de luxe*, sculpté et reproduisant les modèles des diverses époques de style surtout français; il y a le meuble auquel on donne en Italie le nom de meuble de *quadratura* (c.à.d. de meuble de forme carrée): les salles à manger, les chambres à coucher, les antichambres, les meubles de bureau. Il y a enfin ce que l'on appelle en France le meuble de *trôle*, ou, en langage populaire, les *ballons*, c.à.d. un meuble de camelote, fait d'un matériel inférieur, travaillé avec peu de soin, recouvert d'un mince placage qui lui donne un air à peu près convenable et en fait la joie des intérieurs petit-bourgeois et ouvriers. L'italien n'a pas réservé de nom à part pour cette espèce de meuble. Pourtant chaque milanais sait que tous les samedis au marché de Sainte Marthe, (le marché a gardé ce nom de l'église Sainte Marthe, quoiqu'il se passe à la place Mentana, peu éloignée de l'église) il peut trouver des salons Louis XV grossièrement sculptés, des bureaux d'acajou recouverts d'une ombre de ce bois précieux, et des chaises de cuisine. Cette industrie ne travaille point pour l'exportation. Elle destine son produit uniquement à la consommation intérieure, et elle vivote avec une ténacité extrême et en réduisant ses profits jusqu'au dessous de tout minimum. Les paysans de la Brianza apportent leurs produits sur des charrettes à bras, quelquefois ils les font apporter par le messager du pays (le « cavallante », comme l'on dit en Lombardie), qui fait le voyage entre le village et Milan une ou deux fois par semaine. Le chemin de fer serait trop coûteux. Ils se rangent patiemment sur la place du marché et attendent leur acheteur. Quelquefois le consommateur s'adresse directement à ces petits fabricants de meubles; dans la plupart des cas c'est le grand commerçant qui, vers la fin du marché, quand l'attente a été longue et les espérances deçues, achète le tout en bloc et pour des prix bien au dessous des prix de revient.

Cette industrie — la Cendrillon parmi les industries du meuble — n'est autre chose qu'une curieuse survivance destinée à disparaître dès que le paysan de la Brianza aura trouvé un travail plus rémunératif.

Au dessus du meuble de trôle s'échelonne le meuble de « quadratura », la production des nombreuses salles à manger, chambres à coucher, antichambres, etc. destinées à orner d'honnêtes intérieurs bourgeois et surtout des chambres d'hôtel. Cette industrie est très spécialisée et concentrée dans de grandes entreprises. Parmi les endroits entourant Milan et que nous avons signalés sur notre carte (p. 6) il y a *Lissone* et *Cantù* qui excellent dans la production du meuble de quadratura. C'est surtout Lissone qui possède les plus grandes fabriques de meuble: « Paleari », connu dans le monde des hôteliers, et « Fossati e Moroni ». La production dans ces deux fabriques est en partie mécanisée. Paleari a une usine à Cantù où il fait faire les premières opérations préparatoires par des machines, et ce n'est que le travail de sculpture et l'assemblage des pièces qui est confié à de petites usines travaillant pour leur propre compte. Fossati a ses usines à Lissone, et dans cette fabrique aussi les sculptures et l'assemblage des pièces sont confiés à de petites usines disséminées un peu partout. L'industrie du meuble n'est donc qu'une industrie en partie mécanisée. La plus grande partie du travail, même dans cette branche relativement simple qu'est le meuble de « quadratura », se fait par des procédés manuels. Dans presque chaque famille il y a deux ou trois membres qui s'occupent du travail de menuisier en constituant une espèce de petite corporation familiale et en abandonnant le travail des champs aux vieux. Ce n'est que puisqu'ils ont leur petit lopin de terre et que puisque leurs filles vont mouliner la soie en joignant leur maigre salaire au budget de la famille, que ces ouvriers très habiles et très qualifiés offrent leur travail à des prix extrêmement bas. Un des côtés les

plus navrants de cette industrie est l'exiguité des salaires, et
il faut espérer que le développement industriel très intense
de l'Italie pendant ces derniers temps mettra fin à un état de
choses pareil.

Les fabricants de meubles sont en même temps commer-
çants. Ils dominent tous les petits producteurs en leur ache-
tant leurs meubles. Il est rare qu'un petit fabricant produise
directement pour le client. Dans la plupart des cas il est lié
au grand commerçant, soit par des contrats, soit par toutes
sortes d'autres liens aussi indissolubles, tels qu'avances,
prêts, matériel avancé, etc. Il se forge de cette façon entre
le négociant et le producteur una chaîne qui les lie à jamais
et qui met le petit producteur dans une dépendance éternelle,
à la merci du fabricant capitaliste. C'est ainsi qu'en regar-
dant les vastes bâtiments des fabriques de meubles dans les
alentours de Milan on a comme une impression de châteaux
féodaux qui dominent les villages.

Cette industrie très importante et très ancienne a ses
procédés et ses traditions qui sont à elle. Elle produit beaucoup de meubles de style français, surtout de délicieuses
salles à manger Louis XVI et premier Empire. La finesse
d'exécution et la modération dans la conception et la décoration de ces meubles en font souvent quelque chose bien au
dessus de meuble commun. Ces salles à manger vont pour
la plupart en Amérique; les pays de l'Amérique latine ont
une préférence marquée paur le style français, et l'Italie a
su si bien s'assimiler l'art français, que ses produits sont extrêmement appréciés dans les Républiques de l'Amérique latine. On fait aussi beaucoup de *meubles d'hôtel* dans les
grandes fabriques, et si ces meubles trouvent en partie leurs
acheteurs en Italie, le Midi de la France commence également à se pourvoir dans les grandes fabriques lombardes.
Les hôtels de Nice notamment sont en grande partie meu-
blés par les fabricants de Lissone. L'industrie de ces meubles d'usage commun est strictement localisée. Cantù et Lissone sont les centres qui organisent la fabrication et accu-
mulent entre les mains des grands fabricants toute la production des petits villages environnants. Quant au *meuble de
luxe*, sa production est centralisée également dans deux
grands villages des alentours de Milan: Méda et Seveso.
Ces deux villages sont pour ainsi dire la citadelle du goût
français. Les *dessins*, les *modèles*, sont tous *français*. Les
styles auxquels on s'inspire commencent par Henri II et passent à travers Louis XIV, XV et XVI, jusqu'à l'Empire pour
s'y arrêter. Et comme cette industrie exige un travail manuel

extrêmement fin et soigné, elle représente peut-être les formes d'organisation les plus *individualistes* qu'on puisse enregistrer dans l'industrie du meuble dans la Brianza. Les ateliers minuscules ou le culte d'un meuble d'un certain style se transmet d'une génération à l'autre, une spécialisation rigoureuse du travail, donnent à cette industrie un aspect tout à fait particulier, individuel et presque aristocratique parmi les autres industries du meuble. Le paysan de la Brianza est artiste plutôt qu'ouvrier, artiste qui se contente de peu et garde, malgré les misères de la vie, un sentiment profond de beauté dans son âme.

La production n'est pas centralisée dans de grands établissements comme à Cantù et à Lissone. Ce sont plutôt de petits négociants et de petits fabricants, dont chacun se renferme dans une certaine spécialité et compte sur un acheteur de goûts bien déterminés. L'aspect industriel de ces centres de mobilier de luxe est bien différent des centres où l'on fabrique des meubles communs. Il n'y a que deux ou trois grands établissements. Le plus grand est sans doute celui de Besana, qui représente une forte tendance vers l'industrialisation et la fabrication en grand des meubles artistiques. Le reste sont de petits ateliers dont l'un fabrique des salons Louis XV, un autre des fauteuils Louis XVI, etc.

Les petits producteurs se mettent en relations directes avec leurs acheteurs, ce qui, au point de vue de l'organisation commerciale, n'est certainement pas un système idéal. Pourtant il existe d'autres formes d'organisation de la vente qui présentent un acheminement heureux vers une meilleure défense des intérêts du vendeur. Parmi ces organisations commerciales nous nommerons la plus importante — l'« Exposition permanente » de Cantù. C'est une association de petits fabricants réunis sous la présidence de M. Castiglione, homme d'une très haute culture artistique. Cette association réunit ses meubles dans un beau vieux palais, où ils sont exposés jusqu'à ce qu'ils trouvent des acheteurs. C'est l'administration de l'Exposition qui traite avec les acheteurs, qui fait les prix, etc. Les membres paient tous leur quote-part pour la location de l'immeuble, et l'association prélève 1 % sur la somme de vente pour ses frais. De cette façon l'association garantit à ses membres une vigilance active de leurs intérêts et les met dans une situation bien plus avantageuse en face de leurs acheteurs que cela n'est le cas pour le petit producteur isolé. Parmi toutes les formes d'organisation de la vente des meubles de luxe — à commencer par leur concentration entre les mains du grand négociant qui les achète au petit producteur sans défense, jusqu'à la vente directe par le petit fabricant, — cette forme nous a paru l'unique qui puisse sauvegarder les intérêts de la grande masse des producteurs. Elle contient un germe d'avenir très heureux, et serait peut-être l'unique moyen pour assurer une longévité à cette industrie dont les fondements même sont sapés par les tristes conditions dans lesquelles elle met les petits producteurs. Il est regrettable que cette vente coopérative des meubles ne soit pas organisée sur une plus vaste échelle. Elle donnerait bien plus de force de résistance à une industrie qui est parmi les plus remarquables du pays et qui, ayant des racines aussi anciennes et aussi profondes, pourrait certainement prospérer dans des conditions plus adaptées à la vie économique moderne.

Pour donner une idée du morcellement de la production des meubles de la Brianza, citons des chiffres dont l'authenticité nous a été garantie par un des meilleurs connaisseurs de la vie économique du pays. Il n'y a pas moins de 8.000 petits ateliers dans les villages entourant Milan, qui occupent, ou plutôt occupaient avant la guerre, jusqu'à 25.000 producteurs, (nous employons le mot producteur ou lieu d'ouvrier, puisque, tout en se trouvant sur la marge de la prolétarisation, beaucoup parmi ces producteurs sont de petits patrons, auxquels leurs ouvriers n'ont rien à envier. Du reste le travail salarié est chose assez rare dans ces ateliers, dont l'organisation est presque entièrement basée sur le travail en famille).

Ces chiffres donnent une idée approximative de l'énorme perte de forces économiques qui est la conséquence de l'organisation primitive de l'industrie. Pendant la guerre, l'industrie du meuble a eu à lutter contre une crise terrible. L'exportation de produits de luxe ayant été abandonnée, beaucoup parmi les fabricants ont dû transformer leurs installations et les utiliser pour une production de guerre. C'est ainsi qu'une des plus belles fabriques de Meda, qui produisait des meubles sculptés fait actuellement des aréoplanes; une autre des caisses de munition. Les ouvriers qualifiés sont partis pour la guerre. Les manipulations simplifiées qu'exige la construction des aéroplanes et des caisses sont faites en grande partie par des vieillards, des réformés et des femmes, qui, elles-aussi, ont appris le métier de menuisier avec une rapidité et une habileté surprenantes. Les petits ateliers n'ont pas pu changer aussi rapidement d'orientation. Patiemment, et en attendant des temps meilleurs, les vieux ébénistes continuent à sculpter leurs beaux meubles de luxe, comptant qu'après la guerre il y aura beaucoup de foyers détruits à reconstruire, beaucoup de maisons abandonnées à meubler.

Avec la ténacité qui est le propre de la race lombarde, tous ces fabricants petits et grands ne veulent pas se détacher de leur métier, même dans des temps aussi difficiles. Ils pensent tous à l'après-guerre; ils savent que le changement des conditions politiques ouvrira de nouveaux débouchés devant eux; qu'ils ont toute une politique commerciale à préparer pour l'après-guerre. Et de plus en plus insistantes deviennent les voix qui demandent une révision des traités de commerce, un abaissement des tarifs douaniers, surtout de la part des alliés politiques.

Il faut noter tout de suite que la France qui, pendant les siècles précédents, avait vécu en contact permanent et en amitié parfaite avec l'art du meuble italien, a été parmi les pays qui avant la guerre avaient élevé de fortes barrières douanières contre le meuble italien. Suivant le courant protectionniste qui depuis 1870 se faisait sentir partout en Europe, elle avait beaucoup fait pour éliminer de son marché le meuble italien. Le tarif de M. Méline de 1892 était un tarif extrêmement protecteur. Pourtant il visait plutôt à protéger les intérêts agricoles de la France que ses intérêts industriels. L'importation du meuble avait été laissée relativement libre. Nous donnons ci-dessous les droits perçus selon ce tarif sur les meubles importés.

*Tarif de 1892.*

| Numéro du tarif | | Droits en fr nes pour les 100 kilos |
|---|---|---|
| 591 | Meubles autres qu'en bois courbé, sièges sculptés . . . . . . . | 20 frs. |
| 592 | Meubles autres qu'en bois courbé, autres que sièges, plaqués de toutes espèces de bois, sculptés . . . . . . . | 30 » |
| 592bis | Meubles autres qu'en bois courbé, autres que sièges ,massifs, en bois d'ébénisterie, sculptés . . . . . . . | 20 » |
| 593 | Meubles garnis et recouverts de toute espèce | 15% en sus des droits ci-dessus. |

Comme on voit, les droits d'entrée étaient supportables,
et l'industrie de la Brianza, en voulant éviter le droit supplémentaire du 15 % sur les meubles « garnis et recouverts de
toute espèce », se mit à envoyer en France des meubles sculptés à l'état grège. Le finissage, c.à.d. le vernissage, la do-
rure, se faisaient à Paris. On recouvrait les meubles de brocart et de gobelins, et ils prenaient la voie de l'exportation
sous étiquette française. Cette division de travail entre les
deux nations n'était certainement pas sans avantages pour la
France. Le produit fini qui quittait la France rapportait de
beaux bénéfices aux fabricants qui s'occupaient de son finissage.

Quant au meuble d'usage commun, la grande fabrique
de Lissone, « Fossati e Moroni », avait implanté en 1895
une filiale à Paris, qui fournissait beaucoup de ses produits
aux particuliers, et aux hôtels surtout. Cette fabrique avait
fait une tentative très intéressante d'acclimater à Paris le
meuble oriental — de type arabe surtout — dont le créateur
avait été un artiste milanais fort distingué, Carlo Bugatti. Ces
meubles étaient d'une beauté rare et une création tout à fait
individuelle — fruit de longs voyages faits en Orient. Les
meubles étaient faits en bois d'ébène ou de palissandre, avec
de belles incrustations et des ornements de bronze. Les sièges, recouverts de peau parcheminée et de longues franges à
l'orientale accompagnant des colonnettes sculptées, achevaient
l'aspect à la fois bizarre et précieusement recherché de ces
meubles. Carlo Bugatti, tempérament capricieux d'artiste,
n'avait jamais su utiliser les créations de son propre génie.
Il luttait continuellement contre des difficultés pécuniaires et
dut renoncer à faire de ses beaux meubles un produit d'usage courant. La fabrique de Fossati avait, après la liquida-
tion des affaires de Bugatti, engagé ses ouvriers et tâché de
donner une base industrielle à la production de ces beaux
meubles. Elle lança ces meubles à Paris. Le fils de Carlo
Bugatti, Rembrandt, vint se fixer à Paris, où il eut une co-
urte époque de gloire et où il finit par se suicider. Ainsi —
création trop individuelle pour pouvoir être détachée complètement de la personnalité de ses créateurs, père et fils, —
la production du meuble oriental ne s'acclimata point à Paris. Et il faut dire que le fait est très regrettable.

Même le meuble oriental industrialisé, tel que nous l'a-
vons vu chez Fossati, et les beaux Bugatti authentiques qu'il
nous a été donné de voir chez des amateurs d'art, représentent une tentative extrêmement intéressante dans l'art du

meuble, et qui mériterait certainement d'être connue en dehors de la patrie de l'infortuné artiste.

L'implantation de l'industrie italienne en plein Paris, et l'exportation de plus en plus croissante du meuble de la Brianza en France, étaient deux signes de la prospérité toujours croissante de l'industrie italienne du meuble. Se sentant menacée dans sa situation de monopole, l'industrie parisienne du meuble de luxe se mit à jeter de hauts cris d'alarme. Pourtant l'Italie n'était pas l'unique concurrente de l'industrie parisienne. Depuis la crise économique de 1873, nous assistons en France à un phénomène très douloureux dans l'expansion économique de l'industrie du meuble qui jusque là avait joui d'une réelle situation de monopole sur le marché international. Deux ordres de faits sont caractéristiques pour ce déclin rapide d'une industrie de luxe qui dans le passé avait été une des gloire de la France. Tout d'abord une diminution des exportations, et parallèlement une forte et fatale augmentation des importations. En France on n'avait pas compté avec les rapides progrès économiques d'autres pays qui jadis étaient des clients respecteusement admirateurs des industries d'art françaises.

Dans une enquête entreprise en 1884, les représentants de l'Association d'ébénisterie signalaient hautement les causes de la diminution de l'exportation française. C'était avant tout le *développement de l'industrie dans les pays jadis tributaires de la France*, notamment aux *Etats-Unis* et en *Allemagne*. (1) « Il faut reconnaître — disait dans un rapport sur la crise commerciale du meuble français le délégué Machiels — que depuis une vingtaine d'années le progrès a marché à pas de géant dans la patrie de Washington. Des ateliers, ou plutôt des usines, se sont élevés de tous côtés. Les *dessinateurs* sont formés à l'école française, parfois il sont *français*. Les ateliers dexécution vont à la vapeur; fraises, scies à ruban, machines diverses, rien ne manque: la colle est chauffée à la vapeur; les cales à plaquer et les presses sont enfermées dans une étuve garnie de tôle qui est chauffée de même... Et incessamment, dans les pays jusqu'ici ouverts à l'importation française, les ouvriers français du meuble arrivent, lorque le personnel indigène fait défaut. La *République Argentine*, le marché principal de la France, nous sera fermée dans vingtcinq ans: récemment nous apprenions le

_________________

(1) Du Maroussem. La question ouvrière. Ch. V. Crise Commerciale p. 179.

départ pour Buenos-Ayres d'un groupe d'ébénistes hors ligne, enlevés à un atelier connu ».

Une autre terrible concurrente se révèle dans la personne de l'Allemagne. Si l'Argentine était encore loin de s'émanciper parfaitement par son industrie nationale des importations françaises, elle subissait, comme les Etats-Unis du reste, l'assaut de l'envahissante industrie allemande du meuble. Tout semblait bon pour « la baleine », ancienne expression populaire qui désigne les pays d'Outre-Mer en France. L'Allemagne savait mieux soigner ses clients d'Outre-Mer. Servie par un système de renseignements consulaires mieux organisé, par une presse adroitement subventionnée, elle avait su se faufiler dans le place occupée jadis exclusivement par la France et ce qui est plus important encore elle sut s'y maintenir.

.La résultat en fut la descente rapide et progressive de l'exportation française.

Parallèlement les importations se mirent à augmenter. Depuis la crise de 1873 jusqu'à l'enquête dont nous avons parlé plus haut l'importation des meubles étrangers en France avait *quintuplé*. Les principaux pays importateurs étaient l'Allemagne et l'Autriche. L'Allemagne concurrençait la France dens ce qu'elle avait de particulier et d'individuel dans son industrie du meuble. Elle importait en France des meubles de style français. Il est vrai qu'elle ne fabriquait pas des meubles de haut luxe, mais pour les meubles ordinaires le premier rang appartenait incontestablement à l'Allemagne, d'autant plus redoutable que les Allemands, dans leurs centres de Cologne, Hambourg, Stuttgart, travaillaient sur des *modèles français* (1). Les voyageurs allemands fréquentaient surtout les départements de l'Est, autour de *Nancy*. Leur propagande était facilitée par les fameux *tarifs de pénétration* des grandes Compagnies allemandes.

L'Autriche s'était réservé un autre domaine dans l'industrie du meuble. Ce n'est pas en contrefaisant le meuble français de luxe qu'elle entrait en ligne de combat, mais en lui opposant une création purement autrichienne, — des meubles de *bois courbé*. C'était l'Autriche qui la première avait eu l'idée de cette application des procédés de la carrosserie à la fabrication des meubles. Cette industrie qui exige de grands capitaux, des fours à échauffer le bois, des carcasses

______

(1) Op. cit. p. 182.

de fer pour les formes, se constitue en grands ateliers qui ont pour annexes des magasins. Son procédé commercial est le système des depôts, (depôt de la fabrique Thonet à Paris), système qui lui a mieux réussi qu'à l'industrie italienne.

Les deux Empires Centraux détenaient en très grande partie le marché français; l'Italie, bien moins hardie, ne s'était approprié que le domaine des meubles de luxe. Pourtant en France on jugea la situation comme menaçante, et ayant perdu du terrain comme nation exportatrice et cédé dans une trop forte mesure aux importations étrangères, la France eut recours à l'ancienne arme de la *protection douanière* pour reconquérir ce qu'elle avait perdu. Les avis sur l'utilité de la protection douanière peuvent être partagés. Mais s'il est hors de doute que la protection accordée à de jeunes industries dans la première phase de leur développement a toujours été un bon stimulant, on chercherait en vain des exemples dans l'histoire économique qui prouvent que la protection ait pu soutenir une industrie vacillante dépassée dans son indolence par ses concurrentes victorieuses. Il parait que la question d'âge n'est pas une question indifférente, même pour les industries. Ce qui est une mesure d'encouragement pour une industrie à ses débuts, devient une entrave pour une industrie mûre qui devrait pouvoir compter sur ses propres forces, sur sa propre initiative. L'industrie française du meuble, en tâchant de s'abriter derrière la muraille d'un tarif protecteur, dut apprendre cette vérité à ses dépens.

Le tarif de 1910 majorait sensiblement tous les droits d'entrée sur tous les meubles, notamment sur les meubles de luxe qui apparaissait à l'industrie du meuble parisien comme la vraie bête noire, celle dont la concurrence était la plus redoutable. Nous donnons les chiffres. On verra qu'ils dépassent de beaucoup les chiffres correspondants pour les mêmes numéros du tarif de 1892.

*Tarif de* 1910.

| Numéro du tarif | | Droits en francs pour les 100 kilos |
|---|---|---|
| 591 | Canapés, bergères, marquises, chaises longues, fauteuils et banquettes . . . | 75 |
| » | autres . . . . . . . . | 50 |
| 592 | Consoles, torchères, portevases, tables, paravents, cabinets ou cases de pendules, écrans, sellettes, coiffeuses, vitrines, guéridons, étagères, cartels . . . . | 75 |
| » | autres . . . . . . . . | 50 |
| 592 bis | Canapés, bergères, marquises, chaises longues, fauteuils et banquettes . . . | 75 |
| » | autres . . . . . . . . | 50 |
| 593 | Meubles garnis et recouverts de toute espèce | 15% en sus des droits ci-dessus. |

Comme l'on voit, la pointe du tarif était dirigée contre l'industrie italienne, contre le meuble de luxe. Il visait surtout à protéger l'industrie du meuble parisien contre l'invasion conquérante de ce rival moins dangereux que le meuble allemand et autrichien, mais dont la rivalité était plus apparente.

L'effet de ce tarif était bien différent de ce que l'on en attendait.

L'industrie du meuble en Italie avait eu une époque d'essor dans les années qui précédèrent la crise économique de 1908. En 1906 elle avait exporté pour 12 millions, en 1907 pour 13; les chiffres de 1908 sont en diminution. L'Italie n'exporte que pour 9 millions, pour descendre jusqu'à 8 millions en 1909. En 1910, quand fut adopté le nouveau tarif, le chiffre global de son exportation était de 10.981.140 lires. Parmi les pays où elle exportait ses meubles, la France venait en premier lieu. Nous donnons le tableau des principaux clients d'Italie:

*Exportation italienne de meubles en* 1910.

| | |
|---|---|
| France . . . . . . | 2,817,070 |
| Argentine . . . . . . | 2,470,890 |
| Allemagne . . . . . . | 1,002,750 |
| Suisse . . . . . . . | 796,390 |
| Autriche . . . . . . | 587,040 |
| Autres pays . . . . . | 3,307,000 |

En 1911 — année qui suivait l'introduction du nouveau
tarif en France, l'exportation italienne augmenta d'un million. Le chiffre d'exportation de 1910 avait été de 10.981.140
lires. En 1911 il s'éleva à 11.852.530. Et — chose curieuse
et parfaitement inattendue — de ce million en plus de meubles exportés c'était la France qui, malgré la hausse du tarif avait absorbé pour un demi-million de plus de meubles
italiens. En 1910 elle avait importé pour 2.817.070 de meubles italiens; en 1911 elle en importa pour 3.305.860 lires.
En 1912 le chiffre d'exportation est toujours en augmentation. L'Italie exporte pour 12.513.870 lires, et son exportation en France se chiffre par 3.698.870. L'année 1913 était
une année de *crise économique*. L'exportation du meuble ne
s'en ressent que dans une très faible mesure. La diminution
est minime. L'Italie exporte pour 12.038.970 lires, dont
3.741.920 pour la France.

Réunissons dans un tableau synthétique les chiffres glo-
baux de l'exportation italienne de meubles comparés aux
chiffres d'exportation pour la France. Le langage des chiffres est très clair.

*Exportation de meubles italiens.*

| Année | Exportation totale | Exportation pour la France |
|---|---|---|
| 1910 | 10,981,140 | 2,917,070 |
| 1911 | 11,852,530 | 3,305,860 |
| 1912 | 12,503,870 | 3,698,390 |
| 1913 | 12,038,970 | 3,741,920 |

La courbe des importations en France est en ascension
continuelle. Elle dépasse même la courbe générale de l'exportation totale des meubles italiens qui marque un léger
déclin pendant l'année de crise 1913. Et ceci malgré la majo-
ration sensible du tarif français. La force d'expansion de
l'industrie italienne était incontestablement supérieure à la
force de résistance des barrières douanières élevées contre elle
en France. Ce dernier fait ressort plus clairement encore de
l'analyse des tableaux d'exportation italiens:

3

|  | 1914 | 1913 | 1912 | 1911 | 1910 |
|---|---|---|---|---|---|
| Total . . . | 7,429,320 | 12,038,970 | 12,513,870 | 11,852,530 | 10,981,140 |
| France . . . . | 2,053,435 | 3,741,920 | 3,698,390 | 3,305,860 | 2,817,070 |
| Tripoli . . . | 1,185,235 | 2,659,460 | 2,436,300 | 2,548,270 | 2,470,890 |
| Argentine . . . | 542,090 | 752,050 | 692,170 |  |  |
| Suisse . . . | 434,355 | 469,660 | 524,966 | 874,780 | 796,390 |
| Etats-Unis . . | 409,535 | 393,220 | 1,848,570 |  |  |
| Allemagne . . | 408,900 | 663,660 | 578,620 | 752,300 | 1,002,750 |
| Autriche . . | 355,235 | 592,050 | 629,180 | 455,000 | 587,040 |
| Uruguay . . | 265,825 | 424,020 | 505,180 |  |  |
| Egypte . . . | 231,030 | 285,500 | 1,022,440 | 711,000 |  |
| Angleterre . . | 221,185 |  |  | 344,160 |  |
| Autres pays . . | 322,495 | 2,057,430 | 578,060 | 2,861,160 | 3,307,000 |

Ce tableau synthétique est extrêmement instructif. On
le voit : la France est restée, malgré tous les tarifs, *la prin-
cipale cliente du meuble italien*. Si l'on attribue une valeur
objective aux chiffres, la croissance continuelle de l'exportation italienne en France prouve que les besoins du marché
français étaient tellement intenses qu'ils continuaient à se
satisfaire malgré les *barrières douanières*.

Autre conclusion qui se dégage de ce tableau : l'exportation italienne en *Allemagne* et en *Autriche* était en *décrois-
sance* continuelle. Nous constatons le fait sans en analyser
les causes. On dirait que c'était comme un pressentiment des
événements politiques qui allaient se produire, comme une
des étapes qui détachaient peu à peu l'Italie de ses alliés politiques.

Mais le tableau nous permet encore une troisième et dernière constatation. C'est que depuis 1910 le nombre des
clients de l'Italie avait sensiblement augmenté. Le *Tripoli*,
l'*Egypte*, l'*Uruguay*, font leur apparition parmi les acheteurs du meuble italien. Les chiffres de l'importation en
*Argentine* sont en croissance continuelle comme les chiffres
de l'importation française. Et ceci prouve que la force d'expansion de l'industrie italienne s'était accrue dans une plus
forte mesure que la *faculté d'absorption* du marché français
artificiellement rétréci par le nouveau tarif douanier. L'importation en France marquait une augmentation progressive,
il est vrai. Pourtant cette augmentation aurait pu être bien
plus considérable si la France n'avait pas opposé des barriè-

res à la pénétration du meuble italien. Trouvant la route barrée, le meuble italien se dirigea ailleurs, et l'on peut dire que l'une des conséquences immédiates des rigueurs du tarif français a été de faire découvrir de *nouveaux débouchés* à l'industrie italienne. Dans tous ces pays — aux Etats-Unis, qui n'existaient pas pour elle avant 1912, en Argentine où son importation croît constamment, en Egypte, dans l'Uruguay, l'industrie italienne devient la concurrente de l'industrie française — exportatrice de meubles.

L'effet du tarif était donc doublé. D'un côté il ne permettait pas à l'Italie toute l'expansion voulue en France, d'un autre côté il stimulait l'exportation italienne dans des pays où elle apparaissait directement comme une concurrente de la France. Et pourtant avec quelque bonne volonté un arrangement et une collaboration productive auraient été si faciles à obtenir.

Les pays de l'Amerique latine, l'Egypte, importent principalement des meubles de luxe et surtout des meubles du style de Louis XVI et de l'Empire.

« Les parvenus des Républiques Américaines — dit très spirituellement à ce propos M. Du Maroussem — montrent une prédilection particulière pour les *meubles prétentieux* inventés jadis pour les *parvenus* de la Révolution française ». Dans le temps, une division très heureuse du travail s'était établie entre la France et l'Italie dans la production de ces meubles. Le travail de la sculpture se faisait en Italie sur des modèles et des dessins français. Nous avons vu que beaucoup de villages de la Brianza n'ont d'autre occupation que la sculpture sur bois. Le meuble mi-ouvré prenait la route de la France pour y être verni, doré, recouvert de gobelins et de brocart, et pour être finalement réexporté en Amérique. Depuis que la France a pris de mesures d'une pareille rigueur à l'égard de l'Italie, cette dernière s'en est consolée en finissant les meubles chez elle, ou bien en les expédiant mi-ouvrés en Amérique pour les faire finir dans des ateliers spéciaux institués dans les grandes villes, telles que New-York, Chicago, Buenos-Ayres, comme dépendances des grandes fabriques italiennes. Il y a beaucoup de fabricants, notamment à Meda, qui expédient les meubles mi-ouvrés en Amérique pour faire exécuter le finissage sur place par d'habiles ouvriers italiens. De cette façon ils évitent aussi le paiement des droits d'entrée qui grèvent le meuble fini en Amérique comme ailleurs. Si la France, au lieu de dresser des barrières élevées contre les meubles italiens, les accueillait de bonne grâce, l'exportation dans les Républiques Américaines, qui après la guerre seront un marché encore bien plus riche qu'auparavant, pourrait devenir une œuvre d'étroite collaboration au lieu d'être sujet à discorde et concurrence. La France pourrait importer le total des meubles que l'Italie exporte en Amérique et ailleurs. Le finissage se ferait en France, il donnerait du travail à l'ouvrier français, et le produit achevé et exporté sous sa forme définitive représenterait le fruit d'une collaboration heureuse entre les deux nations. Est-il nécessaire d'insister sur tous les avantages qu'un changement pareil de politique commerciale porterait à la France et à l'Italie? Et pour y arriver, il ne faudrait rien d'autre que sacrifier un peu de protection accordée à l'industrie française (protection dont nous avons démontré le caractère factice) pour obtenir une vraie et réelle communauté d'intérêts.

L'effet du tarif était donc double. D'un côté il ne perbranche d'importation du meuble bien définie — celle du *meuble de luxe.* Le tableau ci-joint va nous le démontrer avec évidence. Nous le donnons d'après les statistiques françaises.

*Importation, (Quintaux)*

| | comm. général | comm. spécial | valeur moyenne p. 100 kilos |
|---|---|---|---|
| Sièges et parties de sièges sculptés, incrustés, marquetés, décorés. | | | |
| Italie | 2,994 | 2,968 | |
| Total | 4,094 | 3,896 | Frs. 1,000 |
| Meubles (autres que sièges) incrustés, sculptés, marquetés, décorés. | | | |
| Italie | 370 | 331 | |
| Total | 6,016 | 5,159 | » 400 |
| Meubles (autres que sièges) massifs, sculptés, incrustés, etc. | 637 | 500 | |
| Italie | 4,990 | 4,343 | » 500 |
| Total | | | |
| Meubles garnis, recouverts ou cannés | | | |
| Italie | 1,069 | 1,067 | |
| Total | 14,394 | 14,286 | » 250 |

En analysant ce tableau, nous voyons que c'est dans l'importation des *sièges sculptés, marquetés,* c.à.d. du produit de la *plus haute valeur artistique* (dont les 100 kilos valent en moyenne 1.000 Frs.) que l'*Italie* détient jusqu'à présent la *première place.* Ce sont surtout ces produits d'une très haute valeur qui peuvent supporter le droit de 75 Frs. par 100 kilos du nouveau tarif français. Plus de 3/4 de l'importation totale de la France en sièges sculptés viennent de l'Italie (2.968 quintaux sur 3.896). Quant aux autres meubles de luxe dont la valeur, oscillant entre 250-500 Frs. les 100 kilos ne supporte pas le poids des droits d'entrée considérables, la *part* de l'*Italie* dans leur importation est *minime.* Elle représente 5-10 % de l'importation totale. Pour les meubles garnis qui sont chargés d'un droit supplémentaire de 15 %, les proportions de l'importation italienne ne surpassent pas le 7 % de l'importation totale.

La conclusion triste qui se dégage de ces chiffres est que dans l'importation du meuble de luxe d'autres pays importateurs ont su remplacer l'Italie avant la guerre. Si l'arme avait été efficace contre l'Italie, elle n'avait pas pu empêcher la pénétration de meubles de luxe d'autres pays.

On le voit, l'importation totale n'avait pas diminué. Ce n'était que le produit italien mieux fini et plus cher qui n'avait pu lutter contre un concurrent tel que l'Allemagne. En ouvrant ses portes au meuble de luxe italien, la France ne ferait donc que réparer une grave injustice envers son alliée, injustice dont tous les avantages étaient entièrement réservés à un « tertius gaudens ».

Mais le meuble de luxe ne constitue qu'une partie de l'importation totale de l'Italie en France. Nous avions dit que le tarif de 1910 n'avait pu empêcher la croissance continuelle de l'importation italienne des meubles en France. Et cette constatation conserve toute sa portée si nous tournons nos regards vers la partie *plus démocratique de l'importation italienne* — l'importation des sièges et parties de sièges garnis ou non-garnis, dont la valeur oscille entre 200-250 Frs. les 100 kilos. Ici les statistiques françaises enregistrent tout d'abord une *augmentation continuelle* de l'*importation totale en France,* et ensuite une *augmentation parallèle* des *importations italiennes.* L'importation italienne de ce meuble dé-

*mocratique* donne de 40-50 % de l'importation totale. Le tableau ci-desous nous le démontre clairement.

*Importation en France.*

|  | 1909 | 1910 | 1911 | 1912 | 1913 (1) |
|---|---|---|---|---|---|
| IMPORTATION D'ITALIE |  |  |  |  |  |
| Comm. général . | 4,009 | 4.339 | 3,978 | 4,415 | 3,294 |
| Comm. spécial . . | 3,787 | 4,050 | 3,823 | 4,319 | 3,188 |
| TOTAL |  |  |  |  |  |
| Comm. général . | 8,126 | 9,554 | 9,253 | 10,888 | 5,856 |
| Comm. spécial . . | 7,414 | 8,578 | 8,094 | 9,807 | 5,170 |
| Valeur moyenne, en Frs. les 100 Kilos | 200 | 200 | 250 | 250 |  |

Il résulte de ces statistiques que l'augmentation totale d'importation de sièges à bon marché avait été suivie d'une augmentation parallèle de l'importation italienne (sauf pour l'année 1913 — année de crise). Il en résulte également que le meuble importé était presque entièrement absorbé par le marché intérieur. Les chiffres du commerce général et du commerce spécial marquent une coïncidence presque parfaite, preuve que la plus grande partie de ce meuble était pour ainsi dire « consommée » en France, c.à.d. trouvait sa place dans des intérieurs français. Ce meuble, selon les deux tarifs de 1892 et 1910, n'était grévé que de 20 Frs. de droit d'entrée, ce qui nous explique pourquoi l'Italie avait pu aussi victorieusement défendre sa position sur le marché français. Il n'y a pas un seul pays qui puisse rivaliser dans ce domaine avec l'Italie, puisque à elle seule elle donnait presque la moitié de l'importation totale. Mais n'y aurait-il pas lieu de diminuer encore ce droit d'entrée et d'assurer à l'*Italie* un *débouché* plus large encore pour son *meuble démocra-*

---

(1) Les chiffres de 1913 sont en diminution pour deux causes. Tout d'abord puisque l'année 1913 était une année de crise économique; ensuite puisque dans la nouvelle compilation des statistiques on avait exclu les sièges garnis pour les transporter dans une autre catégorie.

*tique?* Il y a une raison d'ordre politique qui milite tout à fait en faveur de mesures douanières ouvrant largement la porte de la France au meuble italien. C'est que la France, après la guerre, aura besoin de la main d'œuvre italienne et qu'il est tout à fait dans ses intérêts d'offrir à l'ouvrier italien des produits auxquels il était habitué dans sa patrie. Le meuble italien dégrevé de droits d'entrée trouverait une large consommation dans la masse ouvrière italienne, et cette mesure de politique commerciale aiderait l'ouvrier italien à effacer les limites entre deux patries — l'une qu'il quitte et l'autre qui l'accueille.

Et puisque nous en sommes au meuble démocratique, notons le fait que l'Italie se prépare pour occuper une place de tout à fait première importance dans la production et l'exportation de ce produit de large consommation. Il y a très peu de temps qu'elle était encore la vassalle de l'Autriche et de l'Allemagne dans la production du meuble de *bois courbé.* Les importations des deux Empires Centraux constituaient une concurrence très efficace à la production nationale du meuble. Maintenant elle a fait en pleine guerre une tentative très résolue pour s'émanciper de cette dépendance. Et c'est à la Lombardie, toujours à la tête du progrès industriel en Italie, qu'appartient l'honneur de cette initiative. Pour faire certaines parties des aéroplanes il faut du *bois compensé* (1). Jusqu'à la guerre c'était l'Autriche qui fournissait le bois compensé dont elle faisait des meubles légers, résistants, imperméables, et bon marché. Les tentatives de l'Italie pour acclimater cette industrie chez elle avant la guerre avaient été infructueuses.

Le capitalisme autrichien, et surtout allemand, avait forgé une organisation de cette industrie aussi solide, aussi internationale, que les tentatives de rébellion de la part d'autres entreprises échouaient presque toujours. Le capital allemand avait été chercher son matériel dans les forêts de la Russie. Il avait fondé à Riga une Société par actions sous la raison sociale de « Luter », qui, tout en se refournissant de bois russe, produisait des meubles de bois compensé et courbé qu'elle exportait partout. Cette Société avait conclu un trust avec une Société de Londres, la « Venesta », et ces deux Sociétés avaient donné naissance à une troisième, la « Luter-

---

(1) On appelle en italien *legno compensato* — bois compensé — des feuilles de bois d'une épaisseur minime superposées et collées et formant un ensemble d'une grande élasticité et résistance.

ma. », qui avait son siège en Italie et qui n'était autre chose qu'une émanation du tout-puissant capitalisme allemand. La « Luterma » monopolisait entièrement le marché italien, et elle avait si bien réussi à empêcher toute concurrence possible, qu'avant la guerre l'industrie du bois compensé et courbé n'existait pour ainsi dire pas en Italie. Pendant la guerre, la « Luterma » subit le sort de beaucoup d'entreprises allemandes en Italie. Elle dut s'éclipser, et d'autres entreprises plus jeunes et italiennes de naissance vinrent prendre sa place.

Nous avons vu à Lissone une de ces fabriques qui se trouve dans une période d'effervescence active. Elle s'occupe — ce détail est très curieux — de la production de bois compensé pour la fabrication des aéroplanes. Pendant la crise que l'industrie du meuble subit pendant la guerre, beaucoup de fabriques ont dû s'adapter à ce genre de production essentiellement belliqueuse, ce qui ne les empêchera certainement pas, après la guerre, de reprendre là fabrication des meubles. La fabrique a été fondée par une jeune industriel qui dans le temps avait été employé dans la fabrique de Venesta à Londres, et qui depuis longtemps nourrissait le plan d'introduire cette industrie dans sa patrie. La fabrique est organisée selon le dernier mot de là technique. Elle est pourvue d'excellentes machines américaines et ses produits ne le cèdent en rien aux meilleurs produits allemands et autrichiens. Pour le moment elle utilise le bois italien, mais après la guerre elle ira chercher son bois en Russie et elle implantera une production en gros de meubles en bois compensé et courbé.

Quand on voit cette fabrique d'origine si récente, née pour ainsi dire pendant la guerre, on a l'impression d'une énergie très sûre d'elle-même et ayant de larges vues d'avenir. Des travaux d'agrandissement se poursuivent, maintenant, de nouveaux procédés de fabrication ont été introduits. On peut être sûr que l'industrie du bois courbé ne s'éteindra pas en Italie. Et puisque le meuble de bois courbé est un article de large consommation des masses, il faudra que la France fasse bon accueil à ce produit, qui viendra remplacer chez elle l'article autrichien.

## CONCLUSION.

La longue analyse de tous les éléments de fait que nous venons d'entreprendre, nous conduit impérieusement à la même conclusion. La France devra faire des concessions douanières à l'Italie. Elle sera obligée d'importer des meubles italiens dans une plus forte mesure que par le passé. Pour reconstruire les foyers abandonnés et détruits par l'ennemi, l'Italie donnera après la guerre à la France une grande partie de son ameublement. Le meuble démocratique, celui qui maintenant déjà détient une place considérable dans les importations italiennes en France, deviendra un article de plus large consommation encore. Le meuble de bois courbé viendra remplacer le meuble autrichien. Et la France, pour s'assurer une importation suffisante et venant d'une nation amie, n'hésitera point à faire des réductions sur les droits d'entrée qui entravent encore l'importation du meuble italien.

Dans une plus forte mesure cette réduction des droits d'entrée sera nécessaire pour le meuble de luxe. Par sa nature même, le meuble de luxe ne peut être objet d'une très large consommation. Il doit nécessairement chercher des débouchés multiples, puisque son consommateur ne représente partout que le minorité de la population. C'est ainsi que le projet de collaboration entre la France et l'Italie dans la fabrication et l'exportation de ce produit ne pourra réussir que s'il embrassera réellement un très vaste champ d'exportation. Il faudrait une sorte d'entente entre les deux nations, entente visant à un but commun et qui renverse tous les obstacles s'opposant à une collaboration productive.

Pour que le finissage et la réexportation des meubles de luxe italiens puissent se faire en France, il faudrait que l'importation de ces meubles soit libérée de toute entrave. Les droits élevés ne peuvent subsister entre deux nations que tout semble prédestiner à une collaboration dans tous les domaines.

Il semble que dans l'industrie du meuble des raisons historiques militent particulièrement pour notre thèse. Le passé a été si plein de pénétration mutuelle — inspirations artistiques — deux civilisations qui se confondent dans cette industrie d'art appliqué. Le présent devrait nous donner le spectacle d'un effort réuni dans ce domaine.

Car ne nous faisons point d'illusions. Ce qui comptera dans l'avenir ce ne sera pas seulement l'effort individuel. Ce n'est que l'union des efforts qui pourra donner la vraie force, la vraie résistance après la guerre.

Une économie nationale ne saurait prospérer que quand elle aura trouvé une heureuse forme de collaboration avec d'autres économies nationales. Si cela ne va pas sans le sacrifice de quelques intérêts particuliers, résignons-nous à les sacrifier. Ce qui importe c'est que la nation reste vivante et forte dans son union avec d'autres nations. Les quelques droits douaniers qu'il faudra sacrifier dans ce but ne pèseront certainement pas beaucoup dans la balance.

Typographie de la Società Editoriale Milanese - Sesto S. Giovanni.

9 782019 940003